Joseph Isaak

## Unmassgebliche Gedanken über Betteljuden

Und ihre bessere und zweckmässigere Versorgung, menschenfreundlichen

Regenten und Vorstehern zur weitern Prüfung vorgelegt

Joseph Isaak

**Unmassgebliche Gedanken über Betteljuden**
*Und ihre bessere und zweckmässigere Versorgung, menschenfreundlichen
Regenten und Vorstehern zur weitern Prüfung vorgelegt*

ISBN/EAN: 9783743487925

Hergestellt in Europa, USA, Kanada, Australien, Japan

Cover: Foto ©ninafisch / pixelio.de

Weitere Bücher finden Sie auf **www.hansebooks.com**

# Unmaßgebliche
# Gedanken
## über
# Betteljuden

und ihre bessere

und zweckmäßigere Versorgung

menschenfreundlichen Regenten und Vorstehern
zur weitern Prüfung vorgelegt

von

# Joseph Isaak,

Bücherhändler im Reichsdorfe Gochsheim.

Aus dem Jüdischen frey ins Teutsche übersezt.

Nürnberg,
im Verlag der Rawischen Buchhandlung.
1791.

Salomo in seinem Prediger Kap. 10. V. 17. 18.

Wohl dir, Land, des König edel ist und des Fürsten zu rech-
ter Zeit essen, zur Stärke und nicht zur Lust; denn
durch Faulheit sinken die Balken und durch hinläßige
Hände wird das Haus triefend.

Dem

Hochwürdigsten und Gnädigsten

Fürsten und Herrn

Herrn

# Franz Ludwig

des

heil. Röm. Reichs Fürsten, Bischoff zu Bamberg
und Wirzburg, Herzog zu Franken 2c.

Dem Glücklichen Verbesserer der Schulen, dem
Menschenfreundlichen Versorger der Armen, dem Rast-
losen Beförderer der Industrie, dem Wahren Vater
der Wittwen und Waisen

widmet diese wenigen Blätter

auf hierzu besonders erhaltene gnädigste Erlaubniß mit tief-
ster Ehrfurcht und Unterwürfigkeit

## Höchstdero

unterthänigster Knecht und angebohrner Unterthan

## Joseph Isaak.

# Kap. I

1. Wie stehts jetzt unter dem Jüdischen Volke, mit den Betteljuden? Was geschieht zu ihrer Erhaltung und Verpflegung? Steht der Aufwand, der auf sie gemacht wird, mit dem Vortheil, den die Bettler davon haben, und mit der Ehre und Wohlfart des Staats im Verhältniß?

Die Erörterung dieser Fragen muß ich allerdings vorausschicken, wenn die Nothwendigkeit einer bessern und zweckmäsigern Versorgung, entweder auf die unten von mir vorzuschlagende Weise, oder auf die Art, wie sie noch von einsichtsvollern und erfahrnern Männern ausgedacht werden kann, allgemein einleuchtend gemacht werden soll. Es ist beynahe kein Staat in unserm teutschen Vaterlande, wo man nicht etwas zur bessern Versorgung der Armen gethan hat, oder doch wenigstens durch Verordnungen und Befehle zu thun bemühet war, wenn auch gleich der Erfolg den gemachten Vorkehrungen nicht entsprach; denn man findet hier und da, bey einer genauen und unparteiischen Untersuchung: daß es, trotz aller vorgespiegelten Verbesserungen und wirklich gemachten Veränderungen, noch immer im Grunde so ist, wie zu unserer Väter Zeiten. Indessen, wenn

A 3        auch

auch noch nicht alles in der That so verbessert ist, als man es erwarten sollte, oder der Menschenfreund es wünscht; so würde doch auf die zu machende Verbesserung der Armuth allgemeine Aufmerksamkeit erregt, und die dadurch in den Gemüthern entstandene Gährung muß mit der Zeit manichfaches Gute erzeugen. Sie wirkt langsam und im Stillen, aber sie ist nie ohne Veredlung.

Meine Nation, die die Nahrungs-Sorgen, Verachtung und der harte Druck mancher Regierungen zu tief zur Erde niederbeugen, hat von diesen wohlthätigen Veränderungen unter den Christen noch nicht die geringste Kenntniß genommen, wenigstens stehts mit unsern Armen, der Art sie zu unterhalten und von einem Orte zum andern zu bringen, noch eben so, wie vor hundert und mehrern Jahren. Selbst die Furcht: daß die Anzahl der jüdischen Bettler mit jedem Jahre immer höher steigen werde, da der verderbliche Luxus auch unter den Juden sich einschleicht, und von hohen Landesregierungen dem jüdischen Verkehr immer mehr Einhalt gethan wird, hat die Wirkung nicht gehabt, die sich nur bey etwas nachdenkenden Köpfen vermuthen ließe. Es ist und bleibt noch immer alles beym Alten. Von Jugend auf daran gewöhnt, befremdet es eben den angesessenen und wohlhabenden Juden nicht, wenn er des Abends die auf ihn gekommene Anzahl Bettelgäste an seinem Tische findet. Er genießet da mit ihnen was er hat, und sieht das Eckelhafte, in der Tischgesellschaft dieser oft unreinen, siechen und kranken Mitbrüder und Mitschwestern sich zu befinden, ihr sades oft lästiges Geschwätz anzuhören, ihren Zudringlichkeiten und Plauderelen

dereien

dereien bloß gestellt zu seyn, als eine unvermeidliche Nothwendigkeit an. Man sieht die äusserste Vernachläßigung der Betteljugend an Seele und Leib, das härterdrückende Loos der Siechen und Schwachen, die täglich, zu allen Jahrszeiten und bey allen Witterungen, den Schabbat ausgenommen, ihren Wanderstab weiter fortsetzen müssen; das, ich sage nicht zu viel, beynahe unmenschliche Verfahren, die Kranken und Sterbenden in der Geschwindigkeit nur von sich zu bringen und einem andern Orte zufahren zu lassen — man siehts, zuckt die Achsel und läßt es, wie es war; weil man jede Neuerung scheut, auch jede Veränderung, ohne auf innern Werth oder Unwerth derselbigen Rücksicht zu nehmen, für bedenklich ansieht. Gleiche Bewandniß hat es mit den Bettlern und Bettlerinnen selbst. Wer einmal so tief gesunken ist, daß er diese elende Art, sich fortzubringen, ergreifen muß, der hat keinen andern Ausweg. Es muß sich, so hart es zugeht, an diese unselige, traurige, oft eckelhafte Lebensweise gewöhnen: Hat ers nur einige Monate fortgesetzt, so wird ers gewohnt und die Gewohnheit ist eine Tyrannin. Bey denjenigen, die von bettelnden Aeltern gezeugt und erzogen worden sind, ist diese lästige und schmutzige Lebensweise schon zur andern Natur geworden. Sie haben dabey eine Arbeitsscheue von Jugend auf sich eigen gemacht, und sind zu roh, zu unwissend und zu unsittlich erwachsen, als daß sie, ohne Zwang, sich eines Bessern bequemten. Des Morgens verschlucken sie ihre Reisesuppe, betteln ihr Almosen zusammen, so gut sichs thun läßt, und dann auf den Weg zur nächsten Station. Ist sie nahe; so lagern sie

sich)

sich bey gelinder Witterung an den Wegen hinter Hecken und Zäunen, machen die Strassen ekelhaft, bisweilen, wie es fällt, auch unsicher, und kriechen gegen Abend langsam wie die Knaben, die ungern zur Schule gehen, dem vorgesteckten Ziele zu, wo sie ihre leeren Mägen auf Kosten des Dritten füllen, und am Morgen es wieder da anfangen, wo sie den vorhergehenden Tag geblieben waren. So lang sie jung und lüstig sind, wünschen sie sich kaum etwas Besseres. Da sie Jahr aus Jahr ein der Witterung im Freyen ausgesetzt sind, so macht auch die ungestümste und widrigste Witterung die nachtheiligen Eindrücke auf ihren Körper nicht mehr. Das Laufen wird leicht zur Fertigkeit, wenn man es täglich treibt und ist weniger lästig als man sich's bey einer sitzenden Lebensart vorstellt. Dagegen erlaufen sie sich von einer Station zur andern so viel als sie brauchen, ihr Leben hinzubringen; sie pflegen ihres Körpers bey einer gänzlichen Unthätigkeit und da sie gemeiniglich in Gesellschaft reisen; so findet gar oft jeder Theil Gelegenheit genug, die Triebe zu befriedigen, welche durch Unthätigkeit, Müßiggang und ein sorgenfreies Leben so reichlich genährt werden. Die ekelhaften Hautkrankheiten, die abgemergelten Körper vieler dieser Unglücklichen, die traurige Verwüstung, welche die Lustseuche unter ihnen anrichtet, und die in der Geburt verpestete Nachkommenschaft sind leider! redende Beweise dessen, was ich hier sage. Bey eintrettenden Krankheiten und bey herannahendem Alter gehts ihnen freylich drückend, allein, wo sind Menschen, sie mögen auf einer Stufe des Glückes stehen, auf welcher sie wollen, denen Krankheiten

teñ und Alter nicht in Rücksicht auf ihren vorhergegan-
gen Zustand drückend und lästig werden?

Bey der Uebersicht des hier entworfenen Zustan-
des der Bettler meiner Nation, an welchem nicht das
geringste Uebertriebene gefunden werden wird, mag
wohl mancher, der mit unsern Einrichtungen nicht
bekannt genug ist, denken: an dem Elende, das diese
unglückliche Klasse der Menschheit drückt, an der körperlichen und sittlichen Verdorbenheit, die größtentheils
unter ihnen herrscht, an der beynahe unbezwinglichen
Unwissenheit und Unsauberkeit, an der ausserordentlichen Unthätigkeit, die diesen Leuten eigen ist, ist
nichts Schuld als die Armuth der Nation und der
Mangel an Mildthätigkeit gegen Hülfsbedürftige.
Wer so urtheilen wollte, der würde verrathen, daß
er die Nation, über die er absprechen will, nicht genug kenne. Das Volk, zu dem ich gehöre, ist und
bleibt freilich im Ganzen genommen immer arm.
So viele einzelne reiche Partikuliers sich unter demselbigen befinden; so ist die Summe der ihnen gegen-
über stehenden Dürftigen doch gewiß überwiegend
groß. Nimmt man die ausserordentlichen Abgaben
dazu, die den Juden vor andern Bürgern des Staats
aufgehalset worden sind, so wird man es gewiß zuge-
ben, daß von Reichthum und Wohlhabenheit dieses
Volkes, im Ganzen genommen, nicht geredet werden könne. Diesem ungeachtet thut aber das jüdische Volk bey
so wenig ergiebigen Hülfsquellen ungemein viel zur
Unterstützung seiner Armen. Ich möchte beynahe
sagen, mehr als irgend eine andere Religionsparthei.
Ich habe im 1sten Band des Journals von und für
Franken S. 435. erwiesen: daß 26. Judenhaus-

A 5 haltun-

haltungen im Reichsdorf Sochsheim jähr. 3 50 fl.
Rhein. für Bettelgäste aufwenden müssen, deren Anlage nicht 9000 fl. Rhein; übersteigt, wobey die Aus-
gaben an Almosen, der Aufwand des Heiligen bey
Kranken und Siechen, noch nicht einmal in Anschlag
gebracht ist. Was Sochsheim hierinnen thut, geschieht überall, an manchen Orten noch mehr; man
sieht also wohl: daß Mangel an Milothätigkeit gegen Hülfsbedürftige uns keineswegs zur Last geleget
werden könne. Ja nach diesem angenommenen Maaßstabe bezahlen die Juden des Hochstifts Wirzburg,
mit Einschluß der Ritterschaft jährl. 1 6 1 32 fl. Rhein.
wenn die gesammte Anzahl derselbigen auf 1200 ge-
setzt wird. Eine Summe für deren Hälfte beynahe
alle unsere Bettler in diesem Bezirk, bey einer bessern
Einrichtung, auf das vorzüglichste berathen werden
könnten, anstatt daß jetzo der größte Theil derselben,
elend und kümmerlich bey allem Aufwande der Reichern und Wohlhabendern sich fortschleppen muß,
und dem Staate eine Menge unthätiger und faullen-
zender Mitglieder, die das Mark des fleißigen und
betriebsamen Einwohners aussaugen, bey aufmerk-
samen und erfahrnen Beobachtern Schande macht.
Ich will, um meinen Behauptungen einige Beweise,
beyzufügen, mich nicht weiter auf eine Schilderung
der jüdischen Bettler einlassen, das Obengesagte per
offenbart schon zur Genüge: daß ihr Zustand, bey
allem Aufwande der Reichern und Wohlhabendern
elend und kümmerlich ist. Man denke sich aber dabey die Lage der Kranken, Gebrechlichen, und der
Walsenkinder. Sie erheischen einen ausserordentlichen Aufwand und sind deswegen doch beynahe gar

nicht

nicht berathen. Man fährt diejenigen, so nicht selbst
gehen können, zu Wasser oder zu Land weiter. Jede solche Fahrt kostet, wie das jedem jüdischen Heiligen-
Pfleger wohl bekannt seyn muß, oft 50 — 60 Kr.
bey schlimmer Witterung oft noch mehr. Da man
der Ankunft eines solchen Unglücklichen nicht so froh
und heiter entgegen sieht, als seiner Abfahrt; so fügt
sichs gar nicht selten, daß man einen solchen Elen-
den gleich bey seiner Ankunft durch den nemlichen
Fuhrmann einem andern Orte zufahren lässet. Das
geschieht wohl an einem und eben demselbigen Tage
zwey- durch dreymal. Fölglich kostet ein einzelner
solcher Unglücklicher seiner Ration jeden Tag wohl
3 fl. Und wie ist er berathen? Er ist allem Unge-
stümm der Witterung ausgesetzt, aus Mangel an
Wart und Pflege wird er vielleicht oft vor der Zeit
eine Beute des Todes, und seine Ankunft erregt in
jedem Orte Grauen und Entsetzen. Was noch mehr
ist; es trat schon öfter der Fall ein, daß Kranke
auf freyem Felde starben. Das verursachte nicht nur
viele Kosten, sondern veranlaßte auch allerley unan-
genehme Händel und sogar Procetſe. Es würde mir
ein leichtes seyn, meine Behauptung mit mancherley Benspielen zu belegen; ich will aber meine Leser
durch dieselbigen nicht ermüden. Meinen Glaubensgenossen sind die neuesten leidigen Auftritte wohl alle
noch im frischen Gedächtniß.

Es ist zwar in unserm Lande eine Verordnung
da, daß man Kranke nicht weiter schicken, sondern
da, wo sie krank werden, behalten solle. Allein mit
dieser Verordnung ist wenig geholfen. Zum Beweis:
es klagte sich jemand an einem Orte, so sucht man so

bald

bald als möglich seiner los zu werden, und das aus
folgenden Ursachen: denn einmal kostet dem Schlafstätter (Wirth) der Kranke alle 24 Stunden 10 Kr.
und bekommt übrigens gedoppelte Billets. Man be-
fürchtet immer, er möchte sterben, das verursacht einen
Aufwand von 3—4 Gulden, oft einen noch gröffern.
Man giebt daher jedem, der in eine Krankheit zu
verfallen scheint, lieber etwas aus dem Heiligen und
lässet ihn seine Straffe ziehen. So gehts, so lange
er noch einen Fuß heben kann, bis er endlich liegen
bleiben muß. Würde er beym ersten Anfall der Krankheit Ruhe und Pflege genossen haben, mit Wenigerm
würde seine Genesung vielleicht zu erwirken gewesen
seyn. Wird auch in der Folge der Zeit die Krankheit gehoben, so läßt man dem Wiedergenesenden
kaum einige Tage Zeit, sich zu erhohlen. Man schafft
ihn weiter, und wird dadurch nicht selten die Ursache
seines frühzeitigen Todes — oder man zieht ihm
durch die vernachläßigte Nachkur einen langwierigen,
oft lebenslänglichen Ausschlag, Geschwulst und andere Uebel zu.

Nicht viel beffer verhält sichs da, wo Boten erforderlich sind, als bey Blinden, bey Wahnsinnigen,
bey Alten oder bey Waisenkindern. Jeder Bote kostet dem Heiligen täglich 11—15 Kr. Auch diese
suchet man sich so bald als möglich vom Halse zu
schaffen. Sie werden daher wohl oft des Tages
zwey, bis dreymal weiter geschafft. Wollte man
auch den Aufwand des Botenlohns nicht in Anschlag
bringen, wie unbequem, wie lästig und verderblich
ist nicht diese Lebensweise? Die Alten und Schwachen werden dadurch leicht entkräftet, und für die Er-

e.   ziehung

ziehung der Waisenkinder kann schlechterdings nichts
gethan werden. Sie wachsen also ohne alle Gottes-
Erkenntniß, ohne Sitten und Anweisung, sich in der
Folgezeit einmal von selbst ehrlicher weise fortzubringen, auf, und zwar im höchsten Schmutze und bey
der grösten körperlichen Unsauberkeit. Dieser elen-
den Verpflegung und Versorgung ungeachtet kosten
die beyden hier angegebenen Klassen von Bettlern,
nemlich Gebrechliche und Kranke, Wahnsinnige,
Alte und Waisenkinder nicht nur dem Heiligen jährl.
eine beträchtliche Summe, sondern es erlauben sich
manche unter denselbigen auch mancherley Kniffe, um
etwas weniges zu gewinnen. Ich will von diesen
letztern zuerst reden. Der Fall ist nicht unerhört, daß
sich manche wahnsinnig stellten; um einen Boten zu
erhalten. Sie theilten sich mit ihm in den Botenlohn und zogen allein und wohlbehalten weiter.
Manche Aeltern geben auch ihre eigenen Kinder für
Waisenkinder aus, damit der Heilige jedes Orts ihnen etwas für Pflege, Aufsicht und Weiterschaffung
dieser kleinen Hülfsbedürftigen zahlen müsse. Die
Summen, welche für Fuhren und Botenlohn auf-
gehen, will ich nach einem höchst mäßigen Anschlage
berechnen. Nach meinen mehrjährigen Erfahrungen über den Heiligen von Gochsheim wirft sich nach
einer Mittelzahl jährl. die Summe von 20 fl Rhein.
für 25 Haushaltungen heraus. Darf ich diese zum
Maaßstabe annehmen, so wird sich hieraus das Ganze leicht berechnen lassen. Ich will, um in meinen
Angaben immer mit höchster Billigkeit zu verfahren,
annehmen: daß jeder Ort von 20 Haushaltungen
gleichen Aufwand machen müste. Belaufen sich nun
die

die Haushaltungen, die unter dem Ober-Landrabbiner von Heydingsfeld stehen auf tausend, so macht
der jährliche Aufwand derselben für Fuhren und Botenlohn 1000 fl. Das ist ein beträchtlicher Aufwand für die wenigen Personen, die nichts desto weniger noch mit Essen und Trinken verpfleget werden
müssen; denn daß ihrer wenig seyen, werde ich weiter unten zu zeigen Gelegenheit haben.

Der Aufwand, der auf diese Bettel-Caravanen
gemacht werden muß, steht also mit dem Vortheil,
der für diese Unglücklichen daraus erwachsen soll, in
gar keinem Verhältniß; ja es gereicht auch dem
Staate, der ein solches Mißverhältniß dultet, weder
zur Ehre noch zur Wohlfahrt. Ueberzeugt von diesen Grundsätzen, und belehrt durch mehrerley Erfahrungen, daß einseitig mit dem besten Willen hierinn
nichts zu erzielen sey, tretten daher die vortreflichen
Stände des Fränkischen Reichskreises zusammen, um
die wichtigen Beschlüsse zur Steuer des Bettelns zu
fassen; deren Ausführung und genaue Befolgung
nicht nur von allen redlichen Einwohnern dieser Kreiseslande sehnlichst gewünscht, sondern auch die Früch-
te des Guten, so daraus wachsen sollen, begierig er-
wartet werden.

Kap. II.

## Kap. II.

33. Wie viel sind denn in der That Jüdische Bettler, die einen so beträchtlichen Aufwand erfordern?

Wenn ich wieder von meinen sichern Erfahrungen ausgehe und darauf in richtiger Ordnung meine Schlüsse baue; so werde ich freylich auf ein Resultat stoßen, das vielen meiner Glaubensbrüder höchst unwahrscheinlich vorkommen wird; denn viele derselbigen sind, wie man verschiedentlich gegen mich äussert, der Meynung, in dem Hochstifte Wirzburg, mit Einschluß der Ritterschaft, seyen beständig mehr als 8000 — 9000 jüdische Bettler zu ernähren. In dieser Behauptung liegt ein Beweis, wie selten oft diejenigen, von welchen Stand und Amt eine richtigere Einsicht in die Lage der Dinge fordert, sich diese richtigere Einsicht zu eigen gemacht haben. Es sind bey weitem nicht so viele Hunderte, als sie Tausende vermuthen.

Der Angabe im 3ten Stück des ersten Bandes des Journ. v u. f. Fr. zu Folge, theilt die Judenschaft des Reichsdorfes Gochsheim, die jezo, da ich dieses schreibe, aus nicht mehr als 25 Haushaltungen besteht, jährlich 1650 Billets an Betteljuden aus, nämlich

1200 an ordentliche Gäste,
450 Schabbats-Billete.

1650 Summa.

Wobey zu bemerken ist, daß täglich nicht mehr als 8. Billets ausgegeben werden. Es ist aber auch unter

unter zehnmalen wohl nur einmal der Fall, daß diese
8. Billets für einen Tag nicht zureichen sollten.

Der allerhöchsten Sicherheit wegen, will ich aber
im Durchschnitt auf jede 25 Haushaltungen nur 1700
annehmen. Folglich jedes Hundert Haushaltungen
auf 6800. Nimmt man nun an: daß unter dem
Ober-Landrabbiner zu Heydingsfeld auch nur 1000
Judenhaushaltungen stehen; so ist das Bedürfniß
an Billets für diese Tausend Jüdische Haushaltungen
ein Jahr ins andere gerechnet 68000.

Jeder Menschenfreund muß nothwendigerweise
bey einer so ungeheuren Summe von jüdischen Bettlern im Verhältniß gegen die ganze jüdische Volks-
menge im Fränkischen Kreise ungemein erstaunen.
Denn nach höchst wahrscheinlichen Muthmassungen—
noch hat kein Statistiker hierüber Gewißheit gegeben — enthalten die gesamten Fränkischen Kreislande
nach einer runden Zahl kaum 5000 jüdische Haushaltungen. Da die jüdischen Bettler, wie jede andere,
keine Umwege scheuen, und überall zu Hause sind;
so kann man annehmen: daß diese 5000 Haushaltungen, nach dem, vom Wirzburgis. und der Ritterschaft angenommenen Maaßstabe, jährlich 340000
Billets austheilen. Dabey fragt jeder Aufmerksame
natürlicherweise, wie viel sind der Armen, die in einem Jahr 340000 Billets zu Abendessen, Nacht-
quartier und Frühstück bedürfen?

Nimmt man für die gesamten Fränkischen Kreislande 1000 jüdische Bettlerseelen an; so bedürfen sie
für 300 Tage im Jahr — denn der Ueberschuß von 65
oder

oder 66 Tagen geht für Schabbat und Feyertage auf 300000 Billets. Der Ueberschuß von 40000 geht für diejenigen auf, so krank sind, nicht weniger für Staatsbettler, Baßsinger, Vorsinger 2c. die zur bessern Verpflegung gedoppelte Billets erhalten.

Diesen gemachten Voraussetzungen zu Folge kämen also auf jedes 1000 jüdische Haushaltungen nicht mehr als 200 Bettler. Wirzburg und die ihm zunächst liegende Ritterschaft macht eine Ausnahme und hat im Durchschnitt deren gewiß 30 mehr. Meine Gründe zu dieser Behauptung sind: die darinn wohnenden Juden sind als reich verschrieen, weil das Land das sie bewohnen wohlhabend ist, weil die Bettler an Feyertagen einmal Wein zu trinken hoffen, endlich weil diese Orte, wo Juden wohnen, näher beysammen liegen als anderwärts, und also ihre Tagreisen nicht so groß sind.

Ich will setzen: daß jeder, der Bettelgäste aufzunehmen hat, es als gleichgültig ansieht, ob bey ihm jemand mehr oder weniger isset, und daß also die Kost, die den Bettlern dargereicht wird, von den allermeisten als etwas Gleichgültiges und Unbedeutendes angesehen werde. Das kann man nicht von dem Aufwande in baarem Gelde behaupten, der für die Bettelgäste zu machen ist. Sie kosten — und ich will bey meiner Berechnung nur bey den 230 jüdischen Bettlerseelen stehen bleiben, die ich oben für das Hochstift Wirzburg und die Reichsritterschaft angenommen habe —

1) am Schlafgelde, jegl. tägl. 1 fr. das macht für 230. jährl. 1399 fl. 10 kr.

B                     2) Des

2) Des Morgens, wenn der Bettler den Wanderstab weiter fortsetzt, muß ihm sein Wirth seine Abfertigung geben. Diese besteht auſſer dem Frühſtücke, auch wenigſtens — denn darunter darf nicht gegeben werden, manche geben mehr — in einem halben Kreuzer. Das macht jährlich 699 fl. 35 kr. — Sie koſten ferner

3) am Almoſen, das ſie vor den Thüren ſamlen — wenn nur jeder von dieſen 230. tägl. 5 kr. erbettelt, und das iſt gewiß ein ſehr mäßiger Anſchlag, da es mancher Staatsbettler wohl tägl. auf einen Gulden zu bringen weiß — jährl. 5750 fl. Rhein. das Jahr nur zu 300 Tagen gerechnet, weil an Schabbat und Feyertagen nicht gebettelt werden darf.

Dieſer Aufwand in baarem Gelde, der von ſo vielen als unbedeutend überſehen wird, beträgt nicht weniger als 7848 fl. 45 kr.

Zweyhundert und dreyßig Bettler koſten alſo, auſſer ihrer täglichen Koſt, die ihnen gereicht werden muß, 7848 fl. 45 kr. folglich jeglicher 34 fl. 7 1/2 kr. Man wird nothwendigerweiſe fragen, wo kommen dieſe Summen hin? Ein Theil geht nach der obigen Berechnung am Schlafgeld ab. Für jeden Kopf 6 fl. 5 kr. Das Uebrige bleibt ihm an 28 fl. 2 1/2 kr. mithin für jeden Tag mehr als 4 kr. Auch dieſes Geld geht dem Armen nicht zu gut, ob es ſchon der Reiche und Wohlhabende entbehren muß. Er muß es wieder hingeben für Zoll, für Fahrgeld, für Schuhe, und mancher braucht's wenn er in die Schlafſtätte kommt, zur Entſchädigung, daß er den Tag über

Wind

Wind und Wetter ausgesezt gewesen ist. Er trinkt auch einmal Bier, Brandewein, Caffe.

Wenn also auch meine reichern und wohlhabenbern Glaubensbrüder die Beschwerlichkeit nicht achten, des Abends, wenn sie heim kommen, oft unsaubere und eckelerregende Tischgenossen zu finden, auch den Aufwand nicht achten, der für die Nahrung derselbigen zu machen ist, weil bey vielen doch leicht so viel übrig bleibt, oder von ihnen füglich entbehrt werden kann; so kommt doch die Summe 7848 fl. 45 kr. baaren Geldes jährl. gewiß als bedeutend in Betrachtung, die gleichsam verschleubert werden muß, weil der wenigste Theil desselbigen zur Minderung des wahren menschlichen Elendes verwendet wird. Eine solche muthwillige Vergeudung des sauern Schweisses vieler unter uns kann doch wohl mit einer wahren Haushaltungskunst und richtigen Staatspolizey nicht bestehen? Ausser dem Schlafgelde, Zoll, Fahrgeld, und Entschädigungen der Kleider und des Körpers, welche die Witterung nothwendig machen; wird Kost und Almosen auch an manchen Unwürdigen, an manchen, dem das Betteln zu verbieten wäre, an manche andere verwendet, die mit wenigerm auf eine weit bequemere Art zu Hause berathen werden könnten; bisweilen müssen auch solche nothgedrungen darum nachstchen, denen die Gelegenheit des Verdienstes benommen ist. Denn unter der angenommenen Zahl von 230 Bettlerseelen im Hochstifte Wirzburg und dem angrenzenden Ritterschaftlichen sind noch gar viele, die nicht für eigentliche Bettler angesehen werden dürfen.

B 2                    1) Fünf

1) Funfzig sind es wenigstens, die Heimath haben, unter dem Bezirk des Oberlandrabbiners zu Heydingsfeld, und nur zu gewissen Zeiten entweder selbst umher schnurren oder ihre Weiber und Kinder umher schnurren lassen. Es findet schlechterdings keine Untersuchung darüber statt, ob einer eines Billets bedürftig sey, oder nicht. Es macht sich also, je nachdem es die Umstände erheischen, jeder die gute Gelegenheit zu nutz.

2) Zwanzig sind aus dem Grabfelde, dem Bambergischen ꝛc. überhaupt ausserhalb dem Bezirk des Oberlandrabbinners zu Heydingsfeld einheimisch, die sich hier zu ernähren suchen.

3) Ich sage nicht zu viel, daß auch unter der angenommenen Nummer von 230, fünf und zwanzig Bettler von Profeßion sind, die, nach einer genauen Untersuchung, gar leicht für tüchtig würden befunden werden, ihr Brod zu verdienen, vielleicht es auch gern verdienten, wenn dem Juden zur Arbeit sich die Gelegenheiten so füglich darböten, als dem Arbeit suchenden Christen.

4) Manche, an das Hochstift Wirzburg angrenzende Länder, sind wegen der jüdischen Bettler gesperrt. Da die Hochstiftischen Lande nebst der Ritterschaft nicht gesperrt sind; so entsteht für leztere daraus das Unbequeme, daß auswärtigen Bettlern und Landstreichern der Eintritt erleichtert ist. Die Judenschaft erhält also auch mehr auswärtigen Besuch. Ich rechne, daß deren in der angenommenen Summe nur 20. seyn sollen.

5) In

5). In der Summe der bettelnden Juden stecken auch jüdische Kollekten, die auf Erbauung neuer Schulen oder wegen auszusteuernder Töchter, oder darum Almosen sammlen; weil sie ihre Söhne studieren lassen wollen. Wenn ich diese nur auf 15. setze; so macht das Ganze derer, denen das Betteln schlechthin zu untersagen wäre, 130 aus.

## Kap. III.

Was wäre zu besserer und zweckmäßigerer Versorgung dieser Bettler zu thun?

Mancher Vorschnelle hat freylich bey der Aufmerksamkeit, die über das jüdische Bettelwesen rege geworden ist, gemeynt, man müsse eben den so genannten Schnurrjuden das Betteln geradezu verbieten. Dieser Vorschlag würde mit dem Verfahren überkluger Chirurgen zu vergleichen seyn, die, um die langsame und beschwerliche Kur des Beinbruches zu umgehen, dem Patienten lieber das ganze Bein abnehmen. Man kann sie auch nicht zum Lande hinausjagen, ohne ungerecht gegen die Grenznachbarn und gegen diese arme Unglückliche selbst zu seyn. Man würde diesen Troß mit einemmale den Nachbarn übern Hals schicken, und sie dadurch auf mannichfache Weise empfindlich züchtigen, wenn sie gutmüthig genug wären, sie aufzunehmen. Im entgegen gesetzten Falle würden diese Unberathenen und Unversorgten, die doch Anspruch auf menschliches Gefühl und Mitleid machen, ein Ball in unsern und unserer

B 3

Nach-

Nachbarn Händen werden, den wir uns wechselseitig
zuwürfen, bis man des Spiels überdrüßig und mancher dieser Unglücklichen indessen eine Beute des Hungers und ein Raub eines frühzeitigen Todes geworden wäre. Vortreflich ist vielmehr der Schluß der
erlauchten Kreisversammlung, vermöge welchem die
Grenzen geschlossen und kein ausländischer Bettler
eingelassen, die innländischen aber innerhalb der Grenzen selbst versorgt werden sollen. Meinem geringen
Bedünken nach läßt sich aber bey diesem so heilsamen
Entschlusse unter meinen Glaubensbrüdern die Einrichtung nicht treffen: daß jeder Ort seine Armen
versorge. In manchem Dorfe, wo Juden zu wohnen erlaubt wurde, befinden sich meistentheils Arme,
die ihr Schutzgeld zusammen betteln. Hier würden
oft 2. 3. wohlhabende 10—15. arme Haushaltungen
zur Unterhaltung bekommen. Es würde ihnen also
eine solche Last aufgehalset, worunter am Ende beyde Theile erliegen müßten. Im Gegentheil giebt es
Ortschaften, wo 30 — 40 Judenhaushaltungen kaum
2. 3. Arme bekommen würden. Bey dieser so höchst
ungleichen Vertheilung der Begüterten sowohl als
der Armen, will für die Juden wenigstens erforderlich seyn: daß von allen Wohlhabenden und Bettelarmen, die unter dem Oberlandrabbiner zu Hendingsfeld stehen, eine Konscription gemacht, und Leztere
den Erstern nach der Schätzung zugetheilt werden.
Dies wird um so füglicher geschehen können, da ich
nach den neuesten Erfahrungen berühmter und einsichtsvoller Männer, Waisenhäusern und Spitälern
zur allgemeinen Versorgung der Armen das Wort
nicht reden kann. Sie sind grossentheils glänzende
Uebel

Uebel, in welchen die Beherbergten zu Viel zum Ster⸗
ben, und zu Wenig zum Leben erhalten; weil die Vor⸗
steher und Aufseher in ihren Manipulationen, das
den Armen und Waisen Bestimmte zu entziehen, so
gewandt sind, daß man nur äusserst selten justum
titulum erhaschen kann, um sie höhern Orts deswe⸗
gen zu belangen. Gewöhnlich werden also aus die⸗
sen und andern Gründen, deren Anführung nicht
hieher gehört, die besten Absichten der mildreichen
Stifter, und die pünktlichsten Befehle menschen⸗
freundlicher Regenten, wo nicht ganz verfehlt, doch
so hingehalten, daß neben der Scheibe hingeschossen
wird. Bey der Judenschaft ist aber auch aus an⸗
dern Gründen nicht zu besorgen: daß Waisenhäuser
und Spitäler allzu sehr gehäufet werden, wenn
auch so gewiß darauf gerechnet werden könnte, als
es sich von unserm Zeitalter erwarten lässet, daß sie
die Erlaubniß von ihren Herrschaften dazu erhielten.
Sie ist ausser Stand die Summen aufzubringen, die
zur Anlegung solcher Gebäude erfordert werden.

Bessere und zweckmäßigere Versorgung der jüdischen
Bettler denke ich mir so. Nach der im vorhergehenden
Kapitel vorgelegten Berechnung kommen auf die 1900
jüdische Haushaltungen unter dem Oberlandrabbiner
zu Heydingsfeld 230 Bettler. Die unter den fünf ver⸗
schiedenen Rubriken, die ich oben angegeben habe, sind
natürlicherweise davon abzuziehen. N. 1. sind in ihr
Heimath zu verweisen. Die unter N. 3. und 4. fallen
als Auswärtige gänzlich durch, da auch unsere Gren⸗
zen gesperrt und ihnen der Zugang nicht gestattet wer⸗
den dürfte. N. 5. wird das Handwerk gelegt, und
ihnen etwa aus einer zu errichtenden Armenkassa, be⸗

ten

rey Hülfsmittel, ich weiter unten auszumitteln, werde; ｉ
im erheiſchenden Falle, auf ihr ſchriftliches Anſuchen,
etwas abgereichet. N. 3. müſſen angewieſen werden,
ihr eigenes Brod zu eſſen, folglich blieben von 230
nur 130 übrig. Dieſen müßte, ein für allemal, das
Umherziehen unterſagt, und die Einrichtung getroffen
werden: daß ſie, jeder nach ſeinen Bedürfniſſen, einen,
beſtändigen und unveränderlichen Wohnort und Verpflegung erhalten.

Das ununterbrochene Bleiben an einem Orte
wäre alſo die erſte und unverbrüchlichſte Voraus-
ſetzung einer beſſern und zweckmäßigern Verſorgung der jüdiſchen Bettler. Denn dadurch treten
nicht nur manichfache Erſparniſſe ein, die zu beſſerer
Unterkunft dieſer Unglücklichen verwendet werden
könnten, nicht weniger dazu, auch denenjenigen unter
ihnen, die noch Arbeitsfähig ſind, ein ſicheres Ver-
dienſt zu verſchaffen, ſondern die Vortheile, die durch
dieſe Art der Verſorgung für Sittlichkeit und Indu-
ſtrie entſtehen müſſen, ſind auch nicht unbeträchtlich.

Die Erſparniſſe entſtehen

a) dadurch, daß bey dem eingeſtellten Umherziehen
dieſer Bettler von ihnen nun nicht mehr ſo viele
Schuhe zerriſſen und ſo viele Kleider verbraucht
werden.

b) Was dieſe Bettelhorden an Zoll und Fährgeld
entrichten, iſt auch erſpart; nicht weniger das,
was Unvermögende, Blinde, kleine Kinder dem
Heiligen für Aufwand an Fuhr- und Botenlohn
verurſachen.

S. i 				S				c) Das

c) Das Schlafgeld, das oben zu 1399 fl. 10 kr. berechnet ist, würde bey einem beständigen und ununterbrochenen Aufenthalte, wenigstens um 2/3 vermindert werden können; wo nicht um mehr.

d) Was der Schlafstätter oder Wirth an seinen Bettelgäst des Morgens giebt, fiele weg und die obenberechneten Almosen, die darum nicht erspart, sondern nur besser angelegt werden sollen, würden einen schönen Fond nach und nach herstellen, das Schicksal dieser Unglücklichen zu erleichtern.

Auch die schicklichere Gelegenheit ist nicht ausser Acht zu lassen, die sich bey einem unveränderten Aufenthaltsorte der jüdischen Bettler darbieten wird, ihren sittlichen Zustand zu verbessern. Im Ganzen sind diese Bettler die ungesittetsten, verlogensten und ränkesüchtigsten Menschen, die sich für etliche Kreuzer Gewinn alles erlauben, wenn es nur ungestraft geschehen kann. Schon Agur, der Sohn Jake, sagt im 30 Kapitel der Salomonischen Sprichwörter deswegen: „Armuth und Reichthum gieb mir nicht; ich möchte sonst, wo ich zu satt würde, dich verläugnen und sagen: wer ist der Herr? oder, wo ich zu arm würde, möchte ich stehlen und mich an dem Namen meines Gottes vergreifen." Meine Behauptung wird vielleicht Manchem zu hart scheinen, sie ist es aber in der That nicht, wenn man auf die genaue Musterung dieser Personen sich einlässet. Nach der Natur der Sache ist auch nicht viel Bessers von ihnen zu erwarten. Denn sie sind entweder solche, die durch schlechte Wirthschaft, Gefräßigkeit und Leichtsinn zur äussersten Dürftigkeit herabgesunken sind, oder von

B 5                                   ihren

ihren bettelnden Eltern zu Bettlern von Profeßion
erzogen wurden. Von beyden ist nicht viel zu hoffen.
Leztere wachsen, unbekannt mit aller Schamhaftig-
keit, unstät und flüchtig jeden Tag des Lebens, den
Schabbat ausgenommen, ohne den nöthigen Unterricht und ohne alle Bildung heran. Erstere sind
ohnedem gröstentheils durch Scham und Schande
niedergedruckt, bey der plötzlichen Aenderung ihres
Wohlstandes und ihrer Nahrungsmittel, im drin-
genden Gelust fürs Bessere, für Gefühl und Sittlichkeit verdorben. Was ist es demnach Wunder, daß
unter diesen Bettel-Caravanen, die beynahe noch
unmündige Jugend den Trieben ihrer zu früh ge-
reizten Natur sich überlässet; daß bey einer solchen
übereilten Ehe, Aeltern und Kinder verderben; daß
Hurerey und Unzucht aller Art ungescheut, unter den
sämmtlichen Mitteln dieser Zunft getrieben wird, und
sie alle die Uebel in ihrem Gefolge haben, die diese
Laster gewöhnlich begleiten. Mit welchem Schaden
für körperliche und geistige Bildung, und mit welchem
erschrecklichen Nachtheil für eine schuldlose Nachkommenschaft? das mögen Frank, Baldinger und andere Schriftsteller der medicinischen Polizey ent-
scheiden.

Fortgesezte Aufmerksamkeit auf die hier herr-
schenden Uebel, und die Einrichtung, daß jeder Arme
einen unveränderlichen Wohnsitz erhält, würden gewiß der Sittlichkeit und Geistesbildung unter einer
so äusserst verwahrloseten Nation Vorschub thun können. Sie würden die Gräuel der Selbstschändung,
der Unzucht und gar viele daher entstehende Uebel
verhüten. Die Jugend dieser Bettler könnte zur

Arbeit

Arbeitsamkeit, zum Fleiß und zur Gottesfurcht erzogen werden; somit müste nach wenigen Generatio-
nen sich gewiß auch die Anzahl der angenommenen
wirklichen Armen wenigstens um ein Viertel vermin-
dern.

Um es ins Werk zu richten, daß diese angenom-
mene Anzahl von 130 wirklich hülfsbedürftigen
Bettlern gewiß erforscht und unter der Judenschaft
zur beständigen Verpflegung vertheilt werden, ist,
meinem Dafürhalten nach, folgende Einrichtung zu
treffen. Vor allen müssen aus der gesammten Wirzburgischen und Reichsritterschaftl. Judenschaft zwey
Deputirte erwählt werden, ein Wirzburger und ein
Reichsritterschaftlicher. Diese veranlaßten, daß die
Landesvorgänger, jeder in seinem Distrikt, ein Aus-
schreiben erliesen; damit an einem gewissen, allgemein angenommenen Schabbat oder Feyertag der
Vorsteher jeder Judengemeinde, die an demselbigen
Tag bey ihm einquartirten Bettelgäste, nach Ge-
schlecht, Alter, Vaterland, Leibesbeschaffenheit, ehe-
maliger Lebensart und Nahrungserwerb zc. verzeichne.
Dieses mit aller Pünktlichkeit und Gewissenhaftig-
keit von dem Vorsteher geführte Verzeichniß ist dem
Landesvorgänger des Distriktes einzuhändigen, und
gelanget von diesem an die beyden Deputirten. Durch
Zusammenhalten dieser eingeschickten Berichte wird
sich die Zahl der wirklich armen und hülfsbedürftigen einheimischen Bettler aufs zuverläßigste heraus-
werfen müssen. Mit diesem Bericht, aus jedem Orte,
wo Juden wohnen, müste zugleich ein Verzeichniß
verbunden werden, wie viele Juden in demselbigen
wohnen, wie stark ihre Anlage, und welche Arme

des

des Orts vorhanden sind. Dadurch würden die De=
putirten in den Stand gesezt, die Vertheilung der
wirklich Armen aufs genaueste vorzunehmen. Da
nun bey der angenommenen Anzahl von 130. wirk=
lich hülfsbedürftigen Bettlern, auf jedes 25. jüd=
sche Haushaltungen nur etwa drey zur Verpflegung
kommen, die jezo täglich fünf und wohl noch meh=
rere erhalten müssen; so steht gar nicht zu zweifeln,
daß man zu einer, fürs Ganze so vortheilhaften Ein=
richtung, willig die Hände darbieten werde.

An dem nemlichen Tage, an welchem durch je=
den Orts Vorsteher die allgemeine Konscription ge=
schieht, ist jeder ausländischer Bettler ernstgemessen
zu bedeuten, sich aus dem Wirzburgischen und dem
damit verbundenen Reichsritterschaftlichen zu entfer=
nen, wozu die hohe Kreisverordnung ohnedem jezo
die schicklichste Veranlassung giebt. Bettler, die im
Lande ihre Heimath haben, sind dazu anzuhalten,
dahin zurück zu kehren, wo sie des Schutzes vorher
genossen, so auch diejenigen, welche für Arbeitsfähig
erkannt werden. Beyde sind so lange aus der allge=
meinen Almosenkassa, von deren Errichtung und
Hülfsquellen ich im 4ten Kapitel dieser Abhandlung
reden werde, mit Almosen zu unterstützen, bis sie,
vorzüglich letztere, in den Stand gesezt sind, ihr eige=
nes Brod sich zu verdienen. Dazu würde die Er=
richtung eines jüdischen Arbeitshauses, wo die Arbei=
ten leicht zu thun und leicht zu erlernen sind, vor=
züglichen Vorschub thun. Die Waisenkinder und
die Kinder wenig wohlhabender Aeltern, sollten da=
nach dem Maase ihrer Fähigkeiten und ihres Alters
Arbeit finden. Ich schmeichle mir durch mein mehr=
jähriges

jähriges Nachdenken über diesen Gegenstand man,
chen Artikel in Vorschlag bringen zu können, der da,
hin besonders paßt, der seither in unserm Fränkischen
Vaterlande nicht selbst verfertiget wurde, und von
welchem man sich auch im Auslande guten Absatz
zu versprechen haben wird.

Für die Gebrechlichen, deren ich unter der gan,
zen angenommenen Summe nicht mehr, als zehn,
die beständig da sind und bleiben, rechnen darf, wür,
de ich die Einquartirung in ein besonders Haus an,
rathen, da sie sonst schwer unterzubringen seyn wür,
den. Hier würden sie zusammen ihrer Wart und Pfle,
ge bequemer und vielleicht auch wohlfeiler genießen.

## Kap. IV.

Wo kommen die Mittel zur Erreichung der angegebenen
Absichten her, ohne der, ohnedem genug besteuerten Juden,
schaft neue Lasten aufzulegen? und wie sind sie zu erheben?

In unserm projectlustigen Jahrhundert ist nichts
gewöhnlicher, als daß man auf Menschen und
Bücher stößt, wo man mit Vorschlägen, ohne son,
derliche Mühe reich zu werden, oder schwere Dinge
auf eine leichte Art auszuführen, oder den herge,
brachten Gang der Menschheit auf einmal um,zu
ändern oder zu verbessern gleichsam bestürmt wird.
Das Windgebäude wird oft blitzschnell vor unsern
Augen aufgeführt, aber es zerfällt in der nächst dar,
auf folgenden Minute. Wir erobern Städte und
ganze Provinzen in Gedanken, und sehen zuletzt erst

nach

nach der so süß geträumten Eroberung, daß Finger
keine Brücken sind, auf welchen die Eroberer in das
zu erobernde Land einmarschiren können. Vielleicht
nahm mancher meiner Leser diese wenigen Bogen mit
eben der Vermuthung in die Hand, oder legt sie, bey
der Uebersicht des Titels, aus einer ähnlichen Erwar-
tung mit unausführbaren Vorschlägen etwa wieder
getäuscht zu werden, bey Seite. Ich habe mich wohl
vorgesehen, daß mir nicht der in unserm Zeitalter
so gemeine Vorwurf gemacht werden könne, und meine Angaben der Hülfsmittel werden erweisen, daß ich
nichts aus dem Reiche der Unmöglichkeiten auskrame.

Es ist oben im 1ten Kapitel berechnet worden,
was Kranke, Wahnsinnige, Gebrechliche, Waisenkinder durch Fuhr- und Botenlohn dem Heiligen jedes
Orts für Unkosten verursachen. Da die Gemeinde
zu Gochsheim im Durchschnitt von 10 Jahren jährl.
20 fl. bezahlt; so ist mit Gewißheit anzunehmen daß
die 1000 jüdische Haushaltungen, wenn oft nur 8.
10. 20. an einem Orte zusammen wohnen, 1000 fl.
aufwenden müssen. Der Heilige soll nicht mehr geben, er soll aber auch nichts an dem, was zu besserer
Verpflegung unserer kranken und dürftigen Mitbrüder aufzuwenden ist, ersparen. Diese 1000 fl. die
nun durch den unveränderlichen Aufenthalt der jüdischen Armen erspart werden, sollen also den Grund-
stof von der oben vorgeschlagenen Armenkassa aus-
machen.

Einen noch weit beträchtlichern Zuwachs wird
sie, durch die, bey einem unveränderten Aufenthalt
der Armen, oben im 2ten Kapitel berechneten 7848 fl.
45 kr.

45 kr. Ersparniß erhalten. Ich will ihn nur in der runden Zahl von 7800 fl. Rhein. in Anschlag bringen, damit meine Angaben um so sicherer das Siegel der höchsten Glaubwürdigkeit aufgedruckt erhalten.

Ausserdem sind noch verschiedene Quellen, aus welchen für diese allgemeine Almosenkassa geschöpft werden kann. Ich rechne dahin erstens folgenden Fall:

Wenn ein jüdischer Jüngling sich verehlicht, so wird ihm den nächstfolgenden Schabbat von den ledigen Personen seines Ortes eine Schulehre angethan. Dafür giebt der Bräutigam den ledigen Purschen einen Trunk, oder er bezahlt ihnen die Musik zum Tanz. Der Bräutigam mag dabey seine Sachen so genau einrichten, als er will; so ist ein Aufwand von 3 — 4 fl. unvermeidlich. Ich will annehmen, daß dem Bräutigam diese Schulehre von der Gemeinde angethan werden soll, damit er nicht zu kurz komme. Dafür soll er für seine Person 30 kr. in die allgemeine Almosenkassa geben, und damit zwischen Armen und Reichen der gehörige Unterschied beobachtet werde, so soll jeder gehalten seyn, von jedem Hundert seiner Mitgift auch noch einen zu bestimmenden Beytrag zu thun.

Ein anderer Fall ist der: ledige Personen männlichen Geschlechts, geben nach ihrer Lage und nach ihrem Vermögen, bey der jetzigen Einrichtung, auf manichfache Weise Almosen. Bey meiner vorgeschlagenen Einrichtung würde diese Ausspendung der Almosen aufhören. Nun treibt aber manche dieser Per-

Perſonen, Verkehr durch Handel, oder er ſteht in
einem guten und einträglichen Dienſt. Es iſt alſo
billig, daß ſie zur Verminderung der Noth leidender
Brüder und Mitſchweſtern, auch etwas beytragen.
Ich will annehmen, daß jeder monatlich einen Beytrag, nur von 10 kr. thun ſoll. So wird ſich die
Summe, durch den Verlauf des Jahrs, leicht auf
200 fl. belaufen.

Ich würde drittens, wenn es in meiner Gewalt
ſtünde, verordnen: daß Montags und Donnerſtags,
wenn in der Schule die Thorah ausgehoben wird,
Almoſenbüchſen von dem Heiligenpfleger umhergetra-
gen würden, in der Abſicht, ein freywilliges Almoſen,
zum Beſten der nothleidenden Brüder und Schwe-
ſtern zu ſammeln. Ich kann mit Grund zu der Gut-
müthigkeit und Milde meiner Glaubensgenoſſen das
Zutrauen haben, daß es hier an Beyträgen, bey den
verſchiedenen Stimmungen der Gemüther, die in dem
Verlaufe eines Jahres vorfallen, nicht fehlen werde,
die ich füglich auf 250 — 300 fl. anſchlage.

Nach unſern wohlhergebrachten Geſetzen ſoll jeder Bräutigam ein Zehndtheil ſeines Heirathguts an
Arme und Nothleidende verwenden. Dieſe kommen
daher, bey der Hochzeit eines nur etwas Begütterten
auf mehrere Meilen Wegs zuſammen, um ſich Trunk,
Brod und Almoſen zu holen. Da nach der von mir
vorgeſchlagenen Einrichtung keine eigentlichen unver-
ſorgten Armen mehr ſind, ſo iſt dieſer Aufwand allerdings als unnöthig und überflüſig einzuſtellen. Damit aber doch etwas im Allgemeinen zum Beſten der
Armut

Armuth geschehe, soll der Bräutigam nur den 30sten
Theil seiner Mitgabe an die allgemeine Almosenkasse
zu liefern gehalten seyn, und dafür gegen alle Forde-
rungen und Bitten der Armen sichergestellt seyn und
bleiben. Diese Einrichtung ist wirklich schon in den
Landen des weit über mein Lob erhabenen vortreflichen
Grafens von Schönborn Wiesentheid getroffen, und
erweiset sich durch die tägliche Erfahrung ausnehmend
wohlthätig und gut.

Alles das zusammen genommen, macht mit den
obenberechneten Ersparnissen jährlich eine Summe
von 9000 fl. Rhein. Allerdings eine Sumine, durch
deren kluge und zweckmäßige Verwendung viel mensch-
liche Noth und menschliches Elend vermindert werden kann!

Wie wird das alles beyzutreiben seyn? Wie wird
bey so verschiedenen Rubriken, Rechnung über das
Ganze zu führen seyn? Das sind Einwendungen,
die mir von vielen meiner Glaubensbrüder schon entgegen gesezt worden sind. Ich antworte hierauf
nach dem Geiste unserer Verfassung. Vermöge derselbigen werden alle Steuern halb nach den Köpfen,
halb nach der Schatzung beygetrieben. So müste
es also nothwendigerweise mit der Beysteuer zum Heiligen, wie das seither nicht anderst der Fall gewesen
ist, gehalten werden. Auf diese Weise müste auch
das Geld beygetrieben werden, das als Ersparniß berechnet worden ist. Denn nur auf diesem und keinem andern Wege stehts zu erlangen, daß keiner
über Vermögen angelegt werde. Da aber unter den
Köpfen auch die Armen, so von Almosen leben und

C                    nun

nun eine beständige Wohnung haben, aber keine, Schatzung geben können, gerechnet sind; so soll jeder derselben, der Ordnung wegen, 8 kr. monatl. geben, dieses ihm aber an seinem Almosen gut geschrieben werden.

Alles muß zu dieser allgemeinen Armenkassa in natürlichen Beyträgen erhoben werden; und damit die Erhebung wenig Schwierigkeiten und Zeitverlust verursache: so erhebt die Gelder jeder Gemeindevorsteher monatlich in seinem Orte, zieht von demselben dasjenige ab, was die armen und hülfsbedürftigen Einwohner, nach der, von den Landesvorgängern und den zwenen Deputirten gemachten General-verordnung, erhalten müssen. Papiere und Ueberschuß liefert er am Schluß jedes Monats an den Landesvorgänger seines Distrikts, dieser aber an die Hauptkassa, deren Vorsteher die beyden Deputirten sind. Auf diese Weise wird dieses weitläufige Geschäft, ohne viele Mühe und Schwierigkeiten, betrieben werden können.

## Kap. V.

Wie und wozu wären diese jährlich aus den benannten Hülfsquellen eingehenden Gelder zu verwenden?

Tausend Gulden sind zunächst für Gebrechliche, ihre Wohnung, Kost und Verpflegung zu bestimmen. Da nach der oben angegebenen Berechnung sich unter der ganzen Summe der jüdischen

Bettler

Bettler im Wirzburgischen und der angrenzenden Reichsritterschaft sich nicht wohl mehr als 10. befinden können, so reicht die ausgeworfene Summe auch wohl zu, wenn davon noch halb so viel, also 15. sich vorfinden sollten.

Die aus der oben angenommenen Zahl von 230 jüdischen Bettlern angenommenen funfzig einheimischen Armen, die unter dem Oberlandrabbiner von Heydingsfeld wirklich stehen, und an einem Orte, das zu seinem Sprengel gehört, den Schutz haben, würden zwar nach Hause gewiesen; allein sie können als Hausarme nicht ohne Unterstützung gelassen werden. Für sie und zur Hülfe solcher, die sich des Bettelns schämen, bestimme ich von der im 4ten Kapitel berechneten Einnahme 3500 fl. Rhein. die nach genauer Untersuchung der Sache, jedem nach Bedürfniß und Umständen gereichet werden.

Weil keine Kollektanten weiter gedultet werden sollen; es aber nach unsern Gewohnheiten und Einrichtungen nicht wohl zu vermeiden ist, daß nicht arme Aeltern für zu verheirathende Töchter oder arme Gemeinden zur Erbauung neuer Schulen sammlen: so soll für Aussteuer armer innländischer Mädchen jährlich 400 fl. und zu Erbauung neuer Schulen im Lande jährlich 100 fl. verwendet werden. Sollte es aber in einem Jahre an dergleichen Nachsuchungen fehlen; daß die Summe nicht erschöpft, oder welches das vorzüglichste ist, nicht wohl angelegt schiene: so bleibt das künftigen Zeiten vorbehalten, wo das Zurückgelegte besser benützet werden kann.

Wenn auch der Kreis mit aller Sorgfalt, nach der neuesten erlassenen Kreisverordnung geschlossen ist,

ist, und jedes Kreises Land sich wiederum selbst schlie-
ser; so stehet demungeachtet nicht zu erwarten, daß
keine durchreisenden Juden kommen sollten, die ihr
Weg geradezu durch unsere Heimath trift. Sie können dem Gesetze gemäß, nicht ohne alles Almosen
entlassen werden. Es wären also jährl. auch 100 fl.
auszuwerfen, um diese Almosen zu bestreiten, und ihnen schlechthin zu untersagen, ihre Glaubensgenossen
in ihren Häusern zu beunruhigen. Um allem Unter-
schleif, der bey dieser Seite so leicht möglich ist, ge-
hörig vorzubeugen, müste sogleich beym Eintritt in
die Kreiseslande der Durchziehende eine Bescheinigung
seines Eintritts und des Tages, wenn derselbige geschehen ist, erhalten. Dieser ist bey jedem Vorgän-
ger der Judengemeinde, wo er übernachtet, aufzu-
weisen; damit er nicht länger, als es ihm gebühret,
im Lande umherziehe und die getroffene Ordnung un-
terbreche.

Dieser Berechnung zu Folge, wäre mit 5100 fl.
aller Aufwand bestritten, den irgend bessere Versorgung unserer wahren Armuth erheischen kann. Die
im 4ten Kapitel ausgemittelten Hülfsquellen gewäh-
ren noch einen reichlichern Ueberschuß. Der würde
am füglichsten auf zwey Stücke verwendet werden
müssen, die uns schlechterdings unentbehrlich sind,
wenn es mit uns nur irgend einen Anschein zur Besse-
rung gewinnen soll. Das erstere wären Freyschulen, das andere ein Arbeitshaus, wo diejenigen, so
brodlos sind und arbeiten können, ohne Schwierig-
keit Arbeit erhalten, um sich durch Fleiß und Arbeitsamkeit fortzubringen, ohne ihren Glaubensgenossen zur Last zu fallen und aus der Betteley ein
Hand-

Handwerk zu machen. Man hat unter den Christen Arbeitshäuser, als die zweckmäßigsten Mittel angesehen, der Armuth Verdienst zu verschaffen und dem Betteln derjenigen zu steuern, die noch arbeiten können, denen es aber entweder an Arbeit selbst oder an Materialien zu ihren Arbeiten fehlt. Dergleichen Häuser sind unter den Juden noch ein wesentlicheres Bedürfnis, da sich dem Juden die Gelegenheit zum Verdienste gar nicht so leicht darbietet, als dem Arbeit suchenden Christen. Die Nation, die wenigstens noch in hiesigen Landen der Handarbeit größtentheils entwohnt ist, würde dadurch nach und nach Gelegenheit bekommen, auch unter sich ihre eigenen Handwerker zu haben, wie in Böhmen, Schlesien und Pohlen. Die Gräflich-Schönbornische Regierung, deren musterhafte Einrichtung ich eben schon nach Verdienst zu erwähnen Gelegenheit hatte, ist auch hierinn, in hiesigen Gegenden mit guten Beyspielen vorgegangen; sie hat bereits dadurch etliche gelernte jüdische Schneider und zwey Schuster erhalten, auch der Herr geh. Rath und Hofmarschall von der Tann zu Fulda, hat nach dem Berichte des Journals von und für Franken, Bd. 2. S. 344. auf seinem ihm eigenthümlich zustehenden Rittergute Waldberungen, solche Einrichtungen getroffen: daß, gegen die festgesetzte Anzahl jüdischer Haushaltungen, jeder Jude Schutz erhalten soll, der erweiset, daß er eines ordentlichen Handwerks kundig sey.

So nothwendig in diesem Betrachte wenigstens ein jüdisches Arbeitshaus wäre, so unentbehrlich würde vorerst die Errichtung einiger Freyschulen seyn. Der Unterricht der Jugend ist in den allermeisten Orten

ten der elendeſte, den man ſich denken kann. Die
ſchlechten Beſoldungen der Lehrer verurſachen, daß
ſich jeder etwas fähige und zu andern Geſchäften
brauchbare Mann dem Lehramte entziehet. Der Aufwand, den der Unterricht der Kinder den Aeltern
macht, nöthiget einen groſſen Theil derſelbigen, ſie
den Schulen ſo bald als möglich zu entziehen. Beydes iſt hinreichend, eine gebildete Nation von ihren
Grade der Kultur herab zu ſtürzen, und Unwiſſen-
heit und Unſittlichkeit unter dieſelbige einzuführen;
was muß nicht erſt unter einem, unterm Druck und
den dringendſten Nahrungsſorgen, ſeufzenden Volke
dadurch veranlaſſet werden? Dieſer Freyſchule würde
ich zwey Lehrer geben, dieſen etwa zwanzig arme
und Waiſenkinder, zur Koſt und Erziehung, die
Schule würde ich in vier Klaſſen abtheilen, und dem
Ganzen zwey einſichtsvolle und patriotiſche Männer
zu Vorſtehern verordnen. Die Vorſteher, die im
eigentlichen Verſtande das ſeyn müßten, was man
durch Einſichtsvoll in das Erziehungsweſen und Pa-
triotiſch verſtehet, und dem Sprachgebrauche nach
verſtanden werden muß, würde ich ihr Amt nicht
ganz umſonſt verrichten laſſen; denn das macht den
Eifer erkalten. Ich würde jedem wenigſtens jährlich 100 fl. ausſetzen; dafür aber müſte das Amt eines Vorſtehers der jüdiſchen Freyſchule in Franken
eine ausgezeichnete Würde geben. Beydes würde
verurſachen, daß ſich rüchtige und angeſehene Männer zur Uebernahme dieſer Aemter nicht nur verſtün-
den, ſondern ſie auch mit Gewiſſenhaftigkeit und
Treue verwalten würden.

Den

Den beyden Schullehrern, die ohne vorherge=
gangene sorgfältige Prüfung ihrer Geschicklichkeit,
ihrer Sitten und Lebensart, auf welche leztere ich so
streng bestehen würde, als auf der erstern, nicht an=
gestellt werden dürften, würfe ich vorerst jedem jährl.
250 fl. aus. Käme die Ausführung dieses Plans zur
Wirklichkeit, und wäre das Ganze nur von weniger
Dauer; so würden sich leicht noch einige Mittel auf=
findig machen lassen, durch die sie nach Zeit und Um=
ständen verbessert werden könnten. Bey leeren Ver=
sprechungen künftiger Verbesserung, wollte ich es, wie
es oft gewöhnlich ist, durchaus nicht bewenden lassen;
denn erstlich gereichen leere Versprechungen keinem
Vorgesezten zur Ehre, zweytens macht es den Unter=
gebenen muthlos und verdrießlich, wenn er sehen
muß, daß er durch leere Hofnungen hingehalten werde.

Die zwanzig Kinder, die in diese Freyschulen
aufgenommen werden sollten, wären Waisenkinder
und Kinder unbemittelter Aeltern. Zur Aufnahme
gäben aber Waisenstand und Dürftigkeit allein
schlechterdings kein Recht. Es müßte auch auf ihre
Fähigkeiten und auf ihre Sitten besonders gesehen
werden. Das Recht der Aufnahme bestimmten, auf=
fer den beyden Vorstehern der Schule, die Deputir=
ten der allgemeinen Armencassa, und die beyden Leh=
rer der Schule; denn es ist nichts unbilligers, als
daß man leztern das Stimmrecht zur Aufnahme oder
Nichtaufnahme dererjenigen versagt, die unter ihren
Händen zu guten Menschen des Staats, zu gesitte=
ten Unterthanen, und zu Gelehrten gebildet werden
sollten. Sie sollten vorerst gehört werden, ob sie
aus diesem Holz etwas Sehenswürdiges zu schnitzen

und

im Stande seyn; damit nicht, wenn durch alle an-
gewandte Mühe nichts herauszubringen wäre — denn
bekanntlich taugt nicht jedes Holz zu Schnitzwerk —
sie unverdienterweise die Schuld tragen müssen.

Könnten sich die Lehrer an dem Orte, wo die Freyschule zu errichten ist, dazu verstehen, die Schüler
selbst in Kost und Aufsicht zu nehmen; so wäre es
freylich das Beste und Bequemste. Für Kost und
Wäsche jedes Schülers, mit Einschluß der Schreib-
materialien, erhielten sie 75 fl. In wie viel Klassen
diese Schulen eingetheilt, und über was für Gegen-
stände darinn die Jugend Belehrung erhalten soll,
das will ich Leuten zu bestimmen überlassen, die dieser Sache und des jetzigen Gangs der Welt kundig
sind. Hier ist mirs nur um die Ausmittelung des
Kostenertrags und der Berechnung desselbigen zu thun.

Da jeder Schüler 75 fl. kostet, so beträgt das
Ganze der Schüler                                    1400 fl.
Die beyden Lehrer, einer       250 — 500
Die beyden Aufseher, jeder    100 — 200

                                              1100

Wenn diese                                        fl. mit dem
oben berechneten Aufwand auf
Arme von                                         5100 zusammen
gehalten werden: so beträgt
das Ganze erst

                                              6200

Es bleibt also, nach den oben angegebenen Hülfsquellen sicherlich noch ein Ueberschuß sicherer Einnahme von mehr als 2500, welche hinreichend wären,
den grossen Aufwand auf ein Arbeitshaus und die gehörige Einrichtung desselbigen zu bestreiten.

                                                   Kap.

## Kap. VI.

Was ist zur Ausführung dieser gemachten Vorschläge
weiters noch zu thun übrig?

Da die Einrichtung so weitläufig, und die Ausführung einer solchen Neuerung so vielen
Schwierigkeiten unterworfen ist; so wills vor allen
Dingen Noth thun, daß zwey erwählte Deputirte
diese Anstalten betreiben, die sich mit dem Geiste dieser Vorschläge genau bekannt gemacht haben, und
nach Zeit und Umständen sich zu richten wissen. Da
dieses Geschäft zugleich so weitläufig ist, daß es viel
Arbeit und grossen Zeitaufwand erfordert; so muß
ihnen freylich deswegen eine besondere jährliche Ver-
geltung ausgeworfen werden, damit die pünktliche
Befolgung ihrer Geschäfte, die von den Landesvorgängern zunächst entworfen und gebilliget worden
ist, keinem Verzug und keiner Entschuldigung unterworfen seyn dürfe.

Den Landesvorgängern gebührt nicht nur die
Aufsicht über die Einrichtung dieser Armen-Kom-
mißionsdeputirten, sondern sie sorgen auch jedes Jahr
ohne Verzug ausdrücklich dafür: daß die Rechnungen nach Einnahm und Ausgab, und das zwar nicht
überhaupt, sondern einzeln und nach jedem Artikel
in Tabellen gefaßt, auf gemeine Kosten gedruckt, und
jedem jüdischen Hausvater ein Exemplar dieser Berechnung zugestellt werde. Die Einführung und
sorgfältige Beobachtung dieser öffentlichen, nach jedem

Artikel

Artifel abzubruckenden Rechnung, wird ben Aufwand
auf Druck, Papier und öffentliche Vertheilung gar
reichlich ersetzen. Erstlich ist diese Einrichtung das
sicherste und bewährteste Mittel, jeder Art des Unter-
schleifs vorzubeugen, da jeder Artikel ausdrücklich
benamt und bescheiniget werden muß. Zweytens
machte die Einführung dieser Rechnungen den ge-
meinen Mann bereitwilliger, seine Abgaben zu entrichten, da er sieht, auf welche Weise sie verwendet werden. Endlich kommt drittens durch den Umlauf dieser Rechnungen, unter dem ganzen Volke manches
zur Sprache, woran man vielleicht vorher nicht dachte,
und was mit Vortheil von einsichtsvollen Obern, die
für ächte gute Vorschläge, sie kommen, woher sie
wollen, Sinn haben und sich nicht aus Liebe zum
Herkommen gegen dieselben verhärten, zur Verbesserung des Ganzen angewendet werden könnte. Auch
Publizität in diesem Falle kann unter einem vernünf-
tigen Volke nicht schädlich werden. Der redendeste
Beweis davon sind die Rechnungen, die im Unter-
hause zu London jährlich abgelegt werden, wenn es
mir anders erlaubt ist, vom Grossen auf das Kleine
meines Volkes zu schliessen.

So wie ich meines Orts dazu rathen muß, daß
öffentliche Rechnung über Einnahme und Ausgabe
der Armenkommißion geführt werde; so bin ich dafür, daß die angestellten Lehrer der Freyschule unter
dem Einfluß ihrer Aufseher, jährlich die Conduiten-
liste ihrer Schüler bekannt machen. Sie rechtfertigen
im Allgemeinen dadurch ihre Auswahl. Sie geben
den Schülern einen neuen Antrieb, sich der ihnen
zuge-

zugedachten Wohlthat würdig zu machen. Sie zeigen auf das augenscheinlichste, wer den von sich gemachten Hofnungen entspricht, oder nicht; und auf
wen man künftig die Kosten zu verwenden hat. Die
Aufführungs- und Fähigkeitslisten überhaupt; so wie
vorzüglich diejenigen der 4ten Klasse, geben begütterten Mitbrüdern unter uns Gelegenheit, sich an diesen
Seminaristen gute Hauslehrer auszuwählen, woran
unter uns bekanntlich ein allgemeiner Mangel ist.

Endlich hätten die Deputirten, mit Zuziehung
jedes Orts Vorsteher, darauf zu sehen: daß die nach
dem oben entworfenen Plan vertheilten Bettler auch
zu einer Arbeit angehalten werden, der sie nach Ge-
schlecht, Alter und Geschick gewachsen sind; um
ihnen, ausser ihrer Kost, auch einen kleinen Neben-
verdienst zu eröffnen, und sie vor den traurigen Fol-
gen des Müßiggangs zu verwahren. Dergleichen
Arbeiten wären: Holz tragen, Wasser schöpfen, Aufsicht auf kleine Kinder, Stricken, Spinnen, Garn
zwirnen ec.

Ich bescheide mich gerne, daß weisere und erfahr-
nere Männer meiner Nation, an diesen meinen gemachten Vorschlägen vieles zu tadeln finden werden;
ich bin es überzeugt, daß manche unter Ihnen noch
zweckmäßigere Vorschläge zur Versorgung der Armen
thun könnten, oder daß vielleicht mein freymüthiger
Versuch ihnen Veranlassung geben wird, sie zu thun.
Ich bin es herzlich zufrieden, kann und will es mir
gar gerne gefallen lassen, daß meine unvollkommenen
Versuche, durch reifer überdachte, noch zweckmäßigere

gere und beſſere verdrängt werden, wenn ſie nur zur
Wirflichfeit fommen und dadurch das Elend meiner
leidenden Glaubensbrüder verringert wird. Mir
fann und wird es immer ſüſſe, unnennbare Wonne
ſeyn, der Ueberzeugung leben zu fönnen, daß ich die
vorzügliche Aufmerffamfeit auf dieſen ſo wichtigen
Gegenſtand zuerſt rege gemacht habe; und die unter-
thänigſte Hofnung hegen darf, daß in dem weiſen
und menſchenfreundlichen regierenden Fürſtbiſchoff,
Franz Ludwig, zu Bamberg und Wirzburg der Eifer
nicht erfalten werde, auch ſeine jüdiſchen Unterthanen
durch beſſere Verſorgung der Armen, durch zweck-
mäßiger eingerichtete Schulen, und durch Einführung einer Ort und Umſtänden angemeſſenen Indu-
ſtrie zu beglücken; ſo wie es bey Seinen chriſtlichen
Untergebenen, zum innigſten Dank jedes rechtſchaffe-
nen Franken, zur Bewunderung des Ausländers,
und zum unauslöſchlichen Lob für Höchſtdenſelbigen
bey der Nachwelt, geſchehen iſt, und noch geſchieht.